AIR
DU
LENDEMAIN

Lamine Pearlheart

Copyright © 2017 Lamine Pearlheart

Tous Droits Réservés

ISBN-978-0-9948893-7-9

D'AUTRES LIVRES DU MÊME AUTEUR

Les manuscrits de l'éveil

***

The Mayan Twins - At the Edge of Xibalba's Well
(En anglais seulement)

Table des matières

Préface 17

Après ma mort 19

À ceux qui s'attendent que les choses ne changent pas 20

De la passion 20

La sagesse 21

Sur la bêtise humaine 21

Sur l'espoir 21

Sur la nature innée de la bonté 22

La distinction 22

L'avènement d'un regard 22

L'amour 24

En attente 25

La générosité de soi 26

L'envers humain 27

Sur les marionnettes et les marionnettistes 29

Le philosophe et le poète 29

Firmament 30

Sur l'utilité de l'humiliation 31

Sur l'honnêteté 31

Le centre de l'univers 32

Maximes 32

Esculape 33

Le poids de l'imagination 35

Une vision 35

En attendant 36

Ma position officielle 37

Sur l'imprécision 38

L'engouement du diable 38

Ce qui vaut la peine 38

Des contrastes 39

Voir au-delà 40

Sur les sociétés assistées 41

Sur la responsabilité 41

Sur la domestication 42

Sur le manque de respect 42

Sur l'importance de la préparation 42

L'intransigeant 43

Définition de la mort 43

Le politiquement correct 44

La tombe 44

Ce que je me dis des fois 45

Monotonie amère 45

Entre les regards 46

Cœur 48

Le roi des rois 49

Nous 50

L'imagination et l'action 51

Je regarde 51

Vivre 52

Sur la multitude 53

Des réflexions 53

Il y a 54

Sur la conscience sociale 55

Questions et réponses.. 56

Une sombre perspective 56

Sur le peuple... 57

La mort placide 57

Sur les confidences non sollicitées.......................... 57

Sur la générosité du scélérat................................... 58

À quoi sert 58

La vérité, la vie, le destin et le passé 59

Sur les mythes 60

L'homme ambigu... 60

Le naufrage 60

Sur la folie humaine... 61

Regard sur le fond 62

En perspective 63

La rouille 64

Dans un monde furtif 64

Contrepartie 66

De vous 67

Sur la mort 68

Notre horizon.. 69

Sur l'homo sapiens 70

Sur les élections 70

L'indécision d'un peuple........................... 71

Sur l'adoration des idoles 72

Le talon d'Achille du brave 72

Un jour 72

Cet être 73

Sur le fait de donner et de recevoir........... 75

La mort?... 75

Si seulement 76

Quand on sera grand 78

Sur l'enseignement du passé.................... 79

L'exploitation de l'enfance 79

Sur la servitude des pauvres et des souverains........ 80

Au fin fond de l'émoi 81

Notre sort moderne 82

Sur les détournements de fonds public 83

Je voudrais 84

L'ombre 85

Hier et aujourd'hui 87

Sur l'irrespect 88

Définition souterraine du journalisme corporatiste 88

Sur le manque d'imagination 89

Le but caché de la vérité 89

Sur le risque 89

Sur l'heure de la haine 90

Le premier et le second 90

L'homme et l'animal 90

L'expiration d'une culture 91

Pourquoi remercier ses ennemis? 91

Sur la perception de la corruption 91

Sur la vie 92

Sur la reconnaissance 92

Sur le suicide 92

Le secret d'État 92

Sur l'honnêteté 93

Sur les passions 93

Des mouvements et des changements 94

Être reconnaissant 94

Sur les révolutions 95

Sur les arguments et les goûts 95

Sur les esprits suspicieux 95

Première condition de l'amour 96

Mauvaises habitudes de certains riches et de certains pauvres 96

Sur les stéréotypes 96

Penser comme un remède 97

Sur l'absurdité du monde 97

Sur la mémoire 97

Sur le fait d'être pragmatique 98

Les promesses des scélérats 98

Je te donnerai 98

Sur la tentation 100

Sur l'isolement 101

Sur notre ère 101

Sur l'avidité et le savoir 101

L'état du monde 102

Règle principale du leadership 102

Politique et vérité 102

Sur les esprits superficiels 103

Sur l'amour-propre 103

Le poids de l'imagination 103

Sur l'indignation du tyran 104

Premières leçons de l'amour 104

Sur les esprits brillants 104

Sur la maîtrise de soi 105

Homoconsomus 105

Sur la haine 105

Sur l'argent 106

Sur l'importance de l'auto-évaluation 106

Pourquoi l'esclavage persiste-t-il? 106

Sur la parité 107

Sur l'histoire de l'humanité 107

Sur la survie 107

Sur la vérité et le moment opportun 108

La guerre et les finances personnelles 108

Sur les livres d'histoire 108

Sur le gouvernement 109

La guerre et la longévité 109

Sur les associations inconfortables 109

Propagande moderne 109

Sur les illusions pompeuses de noblesse 110

Sur le fait d'être amoureux 110

Le message incessant de nos dirigeants 110

Sur le fait de faire sa part 111

Sur le gouvernement de l'ombre 111

Sur l'histoire 112

Sur l'ouverture d'esprit 112

Sur la connerie 112

L'altruisme et les nations 113

Sur le fonctionnement de la démocratie 113

Sur la décence et l'amitié 113

Sur le fait de regarder en arrière 114

Sur les enfants 114

Sur la virilité 114

Sur les guerres saintes et le meurtre 115

Sur les livres 115

Sur la politique 115

Sur la communication 116

Sur les chaînes morales 116

Être immuable 116

Sur la nécessité de l'inspiration 117

Comme je suis 117

Sur les idées 117

Autorité et justice 118

Sur le fait de grandir 118

Conscience sociale 118

Il n'importe point 119

Sur les découvertes 119

Sur la démocratie 120

Sur la création 120

Sur le fait d'être hors de portée 120

Un conseil 121

SUR L'AUTEUR 125

Préface

Imaginez un horizon qui brille aux confins de l'après-midi, une mer bleue qui rend la terre jalouse en raison de sa délicate féminine rectitude et qui dorlote la plage à un rythme aussi fin que la filature des rayons du soleil.

Imaginez aussi une maison, un chalet rupestre dans un coin d'une plaine verdâtre; une humble demeure où auraient été pensés les anges. Aussi, qu'entre ces deux régions il existe un parcours qui n'est point évident qu'à l'œil sublime d'un artiste ou d'un enfant.

Vous y êtes presque; une île de pierre au milieu d'un océan d'air, d'eau. Cette île, pas assez lointaine pour se noyer en la courtisant, mais assez près pour la comprendre, la saisir, en la regardant. Eh bien, c'est là où commence notre recueil.

Bonne lecture,

Après ma mort

Après ma mort, je voudrais que le vent porte mon sort au-delà de ma finalité

Après ma mort, je voudrais que l'on se souvienne non de mes gestes arides et éphémères, mais de mes intentions valides et renouvelables

Après ma mort, je voudrais que le tocsin ne sonne pas mon désarroi, mais que les cloches répondent et chantent la naissance des enfants de demain

Après ma mort, je voudrais que l'on se rappelle la beauté d'une plage et la sérénité d'un ciel bleu et d'un océan aussi calme que le cœur d'une mère dont la descendance vient d'être retrouvée

Que les oiseaux récitent le réveil du jour et la promesse de retour du lendemain

Après ma mort, je veux que tu restes calme

en sachant que pareil et meilleur existent dans ce monde

Que, bien que la vie soit parfois immonde, mais que le monde est bien plus serein

Après ma mort, je veux que tes larmes s'assouvissent en la certitude de notre passé éternelle

À ceux qui s'attendent que les choses ne changent pas

« Un arbre qui n'est pas bousculé par le vent est un arbre mort! »
« Mais on ne doute point de la mort, pourtant on est vivant! dit le sage homme. »
« Mais qui est-ce qui parle? », répliqua l'arbre.

De la passion

« Mais on le sait bien quand on vit que de ses passions, l'on mange peu! »

« Doit-on blâmer un aveugle pour sa courte vue? »
« Oui et non! »
« Pourquoi? »
« S'il veut jouer avec le feu! »

La sagesse

Est-ce par ignorance ou par stupidité qu'on nomme ce phénomène la sagesse ou en conséquence?

Sur la bêtise humaine

Ceux qui veulent se noyer trouveront toujours un naufrage imminent.

Sur l'espoir

Aucun coucher de soleil n'expire sans être aussitôt suivi par l'aurore.

Sur la nature innée de la bonté

On n'impose point la noblesse d'esprit.

La distinction

« Le sage parmi vous et les fous d'entre nous, quelle est la différence? »
« Le miel. »

L'avènement d'un regard

Ça pique le regret en mes pas, ça fleurit que des épines en ces bras

On m'avait parlé des lingots de ces rois

J'ai entendu les fracas et le bruissement de leur foi

Les éclats et le bourdonnement de leurs

exploits

Ça m'a fait pétrir que de voir

J'ai vieilli rien qu'en cherchant mon histoire, je me suis vu feutré, châtré, englouti dans ces marais

Je n'ai pu distinguer mon destin de mes mains ni les sourires des femmes des craquements de mes rames

Jadis était un demain, le présent s'envoile en un futur, le temps n'est que proie, chantant, soupirant ces nouvelles Troie

L'ancêtre une bataille, moi un soldat, l'amour était loin d'être un choix

Je suis le mort, je cherche une main, même fuyant un humain

J'ai vécu, j'ai péri, ce qui reste de moi; un souvenir amer, le deuil d'un enfant, les larmes d'un père, des sanglots qui se cherchent des mers

Un océan qui convoite une terre, un

désespoir pleurant un miracle, un ermite devant un oracle, l'avènement d'un regard, d'une monotonie amère, le souvenir d'un regret

L'amour

Mourir de faim, de désespoir, mais pas sans amour

Chavirer comme les feuilles mortes sur des mers en détresse

Croire en l'incrédule, saigner des larmes

À tout jamais être perdu dans les océans

Mais ne pas crever sans amour

Faire face à tous les déluges

Devenir bête et en être conscient, faire les détours, se consommer et attendre les vautours

Ne plus savoir, ne jamais s'y voir

Mais ne point mourir sans amour

Avaler tous les arrière-goûts amers et veiller sur les sombres cimetières

En faire une histoire et s'aveugler pour ne point voir

Mais ne jamais mourir sans croire en l'amour

En attente

Quand les regards s'engloutissent dans les mares des cadavres et les sourires des femmes chantent les soupires des uns et de ces âmes

Quand on presse et on dépresse

Quand on meurt! Quand on se rappelle les vieux chants de ces jeunes filles devenues femmes!

Un regard ne peut se tromper, un cœur ne peut que battre

Les rapaces tout en haut peuvent prétendre oublier leur malheur de rats, oublier leur saut vers un aussi bas

Le cœur tourné c'est un pas en avant vers un retour en arrière, un passé d'un futur, un chapitre d'un livre

Une rafle d'un navire, un sourire d'un fakir
Une liberté, une enclave, une épave, ce qui reste illuminé dans une cave

Un élève d'un maître, une fille d'une mère

Un roseau en une mer

La générosité de soi

Des questions que je me pose ou prétends me poser en m'esquivant plutôt :

Pourquoi est-ce que mon linge est toujours plus propre que celui des autres?

Pourquoi suis-je donc parfait ou plutôt moins parfait, mais plus que les autres?

L'envers humain

C'était l'été aux confins des mares

L'hiver malgré les dauphins

Lumineux pourtant point de soleil

C'était la fin du début, le retour et l'oubli

Quelques mains tendues et pourtant...

Il y avait la certitude et l'inattendu

Quelques aigles libres, mais confondus

Les bras tendus et portant

La Seine et le mort vivant; couleuvre cachée sous l'œil de l'oubli

Le « Je-suis » nullard, nulle part voulu

Un destin parfumé..., mais quand même insensé

Un horizon désorienté

Un requin triste acharné

Un peuple en proie à un avenir lumineux pourtant négocié

Vertu d'un diable aux confins du ciel confondu

L'été et l'hiver dansant sous le regard envieux du soleil lésé

Triste avenir de l'être envoûté; les larmes aux yeux, brille plus fort la scène des amoureux encerclés

Perçut, le soleil n'arrive plus à voir son mécontentement faisant briller de plus fort la convoitise de ses amants éperdus sous une couve ensoleillée

Je continue le verbe lézardé

Un reptile envieux d'un dragon confiné

C'est l'hiver aux bords des mers ensoleillées

Cruel destin du soleil condamné à briller aussi pour l'humanité

Sur les marionnettes et les marionnettistes

Mais on sait tous que les chèvres n'ont point de religion, que les loups vivent en hordes, et que les chacals sont les vrais propriétaires.

Le philosophe et le poète

« Disons que dans le monde culinaire je suis le sel et les épices. »
« Et le philosophe dans tout ça? »
« C'est le cuisinier! »

Firmament

Un monde qui s'écroule, je le vois

Un autre qui brouille, je l'entends venir

Un troisième qui s'enflamme, et je le vois las qui meurt

Un arbre qui s'accroche, c'est au lointain

Un désert qui s'échauffe immobile, il reste là

Un mont qui aspire, je crois lui en vouloir

Un ciel qui brille, il veut dire quelque chose

Un maître qui tremble de son soir

Une nature qui résiste, mais enfin se réclame

Je veux dire tout ce que je ne connais pas, mais enfin

Une mer qui bouillonne, un lac qui fait

semblant

Une couleur de cuivre, un silence d'éther

Des nuages de verre

Un étincellement souterrain

Sur l'utilité de l'humiliation

L'humiliation n'est pas un commerce dans lequel je m'engage volontiers; je le laisse aux esprits les plus faibles.

Sur l'honnêteté

Celui qui dit la vérité n'est pas nécessairement véridique.

Le centre de l'univers

Vos chercheurs, vos charlatans et vos prophètes, tous souffrent d'une prédominance à croire que le monde est là où nous sommes! Source que la force apporte et que l'ignorance procure.

Maximes

Pour que le monde sache que l'on meurt, il faut faire du bruit

Pour que le monde entende notre voix, il faut parler

Pour que le monde sache notre innocence, il ne faut point lui pointer du pouce qui est coupable

Pour que le monde vienne à notre aide, il faut que l'on se sauve soit même

Pour que le monde voie son existence, il ne faut point négocier la nôtre

Pour que l'on devienne, il ne faut point vouloir être ce que les autres veulent

Pour sauver sa propre vie quelquefois, il faut sonner l'alarme pour les autres

Pour pouvoir entendre, il faut réclamer

Pour pouvoir vivre, il faut le vouloir

Et si vous voulez survivre, ne m'écoutez point

Esculape

J'aurai pu, j'aurais voulu or j'aurais cru

Les ténèbres et les vers de terre; une seule réconciliation, une seule constellation

Un poids au fond de mon cœur, une histoire celle de mes mœurs

J'aurais pu, j'aurais cru. Oh, ça aurait pu!

Entre le doute et la probabilité

Oh, mer de toutes les velléités!

Être ou servilité?

Trop de points

Oh, cœur du saignement ta propre sérénité

Oh, j'avais cru

J'aurais dû!

Toi maître de ma servilité toi Esculape

J'aurais dû croire, j'aurais pu te voir

Oh, au diable ma trempe!

Oh, tout petit diable de la rampe!

Toi maître de ma maladie, toi Esculape!

Le poids de l'imagination

Parfois quand la raison ne suffit pas il faut user de son imagination.

Une vision

Je regarde l'horizon enfermé

Je mijote l'avenir retardé

Autour l'épave, la détresse, le surcroît; une volonté

Je bouffe la faim, le firmament, la ruse; je concède tout sauf être égaré

Je contemple la cécité, j'écoute le silence, je bafoue l'éternité

Oui, je râle, pourtant je suis seul dans l'océan humanisé

Je doute de la certitude, de certains, du certain; voit-on le silence rapproché?

La raison martelée, la volonté encerclée

L'abîme déconcerté, un fardeau lézardé

Un retour...

En attendant

Que ma folie me guide, que ma fin commence mon début

Que mon retard rattrape mes arrivées

Que mes délires rêvent mes réalités

Que mes sens apprennent de mes tourments

Que mes rêves perdent leurs sens

Que ma solitude trouve une compagne en sa complicité

Que mes larmes sèches vaillent leurs

authenticités

Que je trouve l'aurore de mes ténèbres les jours de mes indécences

Que le temps éphémère de mon existence soit un parcours lumineux pour les éternelles brièvetés des êtres de demain

Que mon ignorance soit pardonnée vu le désert de mon insolence

Que mon parcours passé devient

Que mon futur résolu s'en aille

Ma position officielle

Je suis comme le soleil, je suis partout et nulle part, j'illumine tout le monde et personne.

Sur l'imprécision

Le flou est le royaume du diable et c'est voulu comme ça.

L'engouement du diable

La meilleure manière d'éviter l'engouement du diable est de ne pas le fréquenter; règle simple, mais ignorée de tout le monde; surtout par ceux qui prêchent comme moi.

Ce qui vaut la peine

La beauté d'une femme

Le sourire émerveillé d'une bande d'enfants

La courbature d'une plage

La sérénité du désert vu des hauteurs d'une

montagne

    La charité du pauvre

    Un sens même une direction

    Une raison même un délire

    Une vision, un sentier, douceur d'une voix

    Connaissance, éveil, un retour

    Un craquement de voix sourdes

    Un laps, une trouvaille

Des contrastes

    Aridité dans le cœur

    Les coffres pleins à craquer

    Impassibilité dans les actes

    Opulence à faire rêver

Le vide dans les regards

Pleines les poches de richesse à ne point pouvoir se les cacher

Stérilité des intentions

Pourtant amabilité dans le désert

Honnêtes gens dans les plaines arides des jours de disettes ou d'emprisonnement

Voir au-delà

Voir au-delà de l'homme voici qui est pardessus eux et toute leur prétention; c'est ça le décalage du sage, c'est ça son objectivité, sa flèche, sa raison d'être.

En dehors de cela il n'est qu'un imbécile cherchant sa couronne.

Au-delà des masses et tout ce qui fait du bruit, on produit une symphonie au-delà même de ceux qui se réclament d'elle.

Elle se révèle dans l'obscurité et les ténèbres non seulement aux aveugles, mais aussi à ceux qui voient.

Sur les sociétés assistées

Il existe des sociétés tellement structurées, qui veulent ainsi éviter la médiocrité, et qui finissent par ne plus la reconnaître quand ils sont en face d'elle.

Sur la responsabilité

Est-ce la faute au métal qui brille ou les gens qui en sont obsédés?

Est-ce la faute au loup qui est rassasié ou au mouton qui râle?

Sur la domestication

Les guerres civiles comme la terreur ne sont qu'un apprivoisement accéléré d'un peuple par les puissances souterraines.

Sur le manque de respect

L'insulte et le manque de respect sont le plus haut grade prescrit par les imbéciles et les poltrons.

Sur l'importance de la préparation

Savoir pour ne pas se désorienter, et pouvoir saisir le sens de l'événement, éviter une anarchie mentale et agir effectivement.

L'intransigeant

« Tu me sembles, d'après tes paroles, être un intransigeant, alors permet-moi de t'offrir un détour en te posant la question suivante : cohabites-tu pour négocier ou est-ce que tu négocies pour cohabiter? La vie en dépend des fois plus que l'on pense.

On commence toujours par une négociation puis on finit par cohabiter. Il est possible d'être obligé de négocier une seconde fois; cela dit, il ne faut pas oublier que la finalité de la négociation peut être une cohabitation. Malheur à ceux qui négocient pour négocier! Le diable en est une preuve, car il n'y a point de bonheur dans ce genre de royaume. »

Définition de la mort

La mort, n'est point le cimetière, n'est point la tombe, la mort c'est…, mais pourquoi devrais-je la définir, moi qui suis déjà mort!

La mort c'est les alentours, le voisinage, elle est un peu partout.

Le politiquement correct

Tu dis toute la vérité avec toute l'honnêteté de Rome! Ce qui ne veut pas dire grand-chose!

La tombe

La tombe, c'est quoi la tombe? Est-ce si terrible? La tombe pourtant, c'est la demeure d'un grand-père bien aimé, une mère qui nous manque terriblement et que nous avons hâte de peut-être retrouver un jour.

La tombe n'est-ce pas la demeure de tous ces êtres qui ont fait notre vie heureuse?

Non la tombe, si elle ne nous est point avantageuse elle ne devrait point pour autant nous effrayer; vu que la tombe est l'avenir de l'humanité.

Je me demande d'où viennent cette peur et cette répugnance envers notre destinée.

Ce que je me dis des fois

Il faut rire, car le monde est triste
Il faut hurler puisqu'on n'entend plus.

Monotonie amère

Un temps que je n'ai pas prié, un siècle que je n'ai pas crié, tous semblent vieux, tout est tordu; même ces mensonges qui disent que je suis perdu

Du vrai et du faux je n'ai gardé qu'un souvenir

D'un regard un début, d'une monotonie amère l'avenir d'un regard, un verre prit et abandonné dans un vieux bar

J'ai fait des chapitres et des chapitres je n'ai

jamais pu en faire un livre

Je n'étais qu'un pitre trop soûl pour être ivre,

Ça a coulé drôle et triste des fois

J'ai eu des visions, des pistes parfois, égaré j'ai été plus d'une fois, mais le compte était bon; je n'avais pas le choix

J'ai fui mon ombre, j'ai pris la vieillesse en cavale, de la jeunesse j'en avais fait un cheval,

J'ai été un souvenir torturé par ses propres dires

Une promesse faite à deux vitres, une histoire écrite ou dite entre deux chapitres

Entre les regards

Entre les regards des cagoules, entre les vieilles et ceux qui chatouillent

Entre les vers qui dénombrent et entre les

voix qui chantent à l'ombre

Entre ceux qui sont pareils, entre tous ceux qui bombent, entre les larmes des éveils et des décombres

Entre les salauds qui ont le peigne et les enfants morts qui ont les corbeilles

Le temps qui passe et se décrasse, et puis on se perd, on se déterre, on se fait vieux; on se veut pieux

On ne se reconnaît plus tellement les feuilles, on se cherche à son tour ce qui confond dans le miel, on est de ceux qui ont l'abeille et pour son temps et pour le vent on se fait con

Et moi je vis et moi je crève dans ces cris d'avalanche entre ces bouts qui se tranchent

On se regrette, on se fait des miettes et puis le roi et puis le monstre, et puis les châteaux et les vautours tout bas qui se balancent et toutes les filles de ces cadences

Et les romances des vieilles gents et tous les

retards des cherche-temps, les puissances des carences et les promesses des décadences

Ha! On se méfie, on se défie, on se veut vieux, on oublie pour ne pas avoir pitié.

Cœur

Cœur de pierre ou cœur de lion?

Cœur de rose ou de foin?

Cœur de silence, je te parle!

Au fond de toi et au loin

Car dans ces bas-fonds se traduit la courbe de tes émois

Oh! Cœur de lion!

Puisque tu es qu'apparence de toi, je me dégage

Oh! Cœur de lion puisque tu es en moi, dit! Qui est-ce qui te regarde?

Le roi des rois

Le roi des rois s'est trouvé comme jongleur

Le roi des rois se cache derrière Son Altesse

Il prône le silence et la velléité des différences

Il a le cœur de bronze et l'apparence à outrance

Ses traces sont aussitôt bronzées et disparaissent comme les pas sortant d'une mer houleuse

Il se cache derrière l'apparence et se méfie et est à l'usage subtil des divergences

Le roi des rois a un système qu'eux seuls comprennent; car le roi des rois est une centaine de rennes

Il se prononce rarement, mais ses ordres inspirent sans cesse ses serfs qu'on nomme maîtres de séances

Point de principes ni de cadence; s'il chante, c'est que personne n'est à l'écoute

Ses rêves sont l'horreur et ses plans la misère de tous les êtres qui ne veulent pas croire en son existence

Le roi des rois, on le sait où l'on ne le perçoit point

Nous

Et nous qui n'avons rien, que le vautour enchaîne

Que le soleil emblème! Nous qui ne sommes que pour être, puis pour ne plus l'être!

Il n'y a point de ce que nous sommes.

L'imagination et l'action

Il faut de l'imagination là où les limites couvrent l'espace des actions

Je regarde

Je regarde l'éternité qui me regarde

Je vois le soleil qui s'ennuie

La vie qui passe et ne reviendra plus

La cité avec ses murs sans issues

La lune qui ne veut point éternuer

L'astre et le satellite, en plein jour, en proie à une lutte farfelue

Je regarde l'homme et j'aperçois l'humanité; l'horreur en face de l'ambiguïté

Vivre

Que vive la médiocrité puisqu'elle est simple!

Que vive le pauvre puisque c'est lui le changement!

Que vive l'escargot puisque c'est lui la sainteté!

Que vivent les ténèbres puisqu'on ne voit plus!

Et que vivent ceux qui vivent et qui vivent

Que vive qui ne lui reste que vivre!

Sur la multitude

J'ai vu que les chiens mêmes en horde ne font pas des loups; ils sont seuls même s'ils sont nombreux et qu'un fleuve ne fait pas une mer même si c'est vieux.

Des réflexions

Le même feu qui te réchauffe me brûle

La même réflexion qui te chagrine aujourd'hui te transportait hier

Les mêmes vertus qui te semblaient commodes, il y a si longtemps, t'alourdissent le cœur ces jours-ci

Les réponses que tu cherchais avant te semblent très étourdissantes ces temps-ci

Pourtant tu es toujours le même

Il y a

Il y a ceux qui confondent la civilisation avec l'apprivoisement

Il y a ceux pour qui l'humain est une faiblesse

D'autres prennent l'amour pour du libertinage et le mariage pour une institution

Il y a même ceux qui croient que la liberté est de mettre leur destin et leurs biens entre les mains de personnes inconnues, inférieurs, mais soi-disant élus

Pour d'autres, l'administration n'est autre que la manipulation et la gestion un plébiscite continu

Il y a ceux pour qui l'information c'est le journal; en bref la rime et la rumeur

Le sourire, un dépôt payé d'avance

Il y a des gens qui me semblent vivre en dérapage

Parmi eux, des êtres sans miroir et qui n'existent que pour recevoir

Il y a parmi nous des ombres qui nous chavirent

À perte de vue des ignares illuminés

À long terme des infâmes sécurisés

Tout ce que l'on nous dit vaut-t-il la peine d'être écouté? à peine dis-je.

Sur la conscience sociale

« Il y a des gens qui n'ont pas de conscience sociale! » – De la bouche d'un voleur

Questions et réponses

À vous écouter Monsieur, on dirait que vous avez toutes les réponses, pourtant je me demande si vous vous êtes posé les bonnes questions.

Une sombre perspective

Derrière le voile se trouve une île sévère

Derrière les tâches, il y a des larmes métalliques

Derrière les rivières, il y a les mers impitoyables

À travers la colline glisse la nuit

Et entre les ruines il y a toi et moi

La tanière du corbeau et le territoire des requins

Sur le peuple

Oh! Le peuple! Formé, déformé, soudé et dessoudé; en bref inventé de toute pièce. Le peuple est un mythe et n'existe pas; malheureusement pour lui, il est le seul à ne pas le savoir.

La mort placide

La mort placide et glacée ne fait des ravages que là où la lumière est plus obscure, plus restreinte, plus misérable; là où le cœur cesse de battre sous la charge terrible de l'incompréhensible.

Sur les confidences non sollicitées

Il faut faire attention aux confidences du loup.

Sur la générosité du scélérat

Faire la charité avec l'argent des autres est le domaine des imbéciles et des sournois.

À quoi sert

À quoi sert le savoir si je finis par être grossier, insultant le blanc comme le noir et tout ce qui est au milieu?

À quoi sert le savoir, si comme un ignare j'explique la folie des grands et la cécité des petits par des raisons

À quoi me sert une liberté alors que tout autour est prisonnier?

À qui servira la liberté s'il n'y a plus de temps?

À quoi me sert une forteresse si j'en deviens le gardien?

À quoi sert un horizon si c'est funèbre?

À quoi sert un emblème à qui d'ici peu lui-même ne va plus servir?

À qui servira la chance si elle n'est jamais à temps?

À qui servira l'histoire puisqu'elle est toujours mensongère?

La vérité, la vie, le destin et le passé

La vérité se cache là où le regard est visible et où l'on ne voit point

La vie meurt là où l'ombre se cache

Le destin c'est partout où le passé, serein est maître de sa progéniture le présent; on ne voit plus que l'incendie, le naufrage, un monde prisonnier d'une détresse.

Sur les mythes

Quelle est la raison d'être du mythe? Elle n'est point d'expliquer un problème, mais de cacher une vérité.

L'homme ambigu

L'homme, l'être qui ne sait dire non même en le criant plus haut!

Le naufrage

Il nous est difficile de regarder l'œil du cyclone; un ciel sans voûte

Un mauvais présage dans un gouffre-impasse

L'eau qui monte ou le bateau qui coule, qui descend

La vie qui boude qui réclame, qui veut et qui exiges même

Pourtant le silence attend; sagesse inutile au fin fond des ténèbres qui nous attendent

Un bruit suffocant, scintillant, les ondes du silence promettant un avenir sans retour

Une dernière insulte aux tentatives de l'humain dans un océan qui s'en foute éperdument

L'homme n'écoute point, ne voit plus, mais aperçoit le scintillement

Sur la folie humaine

Dans la folie humaine, personne n'a le monopole de l'abîme; on a tous le diable au fin fond du cœur et des fois il suffit de peu pour le rejaillir.

Regard sur le fond

Regard sur le fond

Abîme qui confond

Aurore sur le plafond

Sursaut en bas des entre-temps

Chagrin, je vois les bas-fonds

J'entends, mais je n'écoute point ce que pense le vent

Or le vent est maître de mes tourments

Le rire est le masque de mes sursauts

Je ne ris point, mais je contemple l'avenir entre-temps

En perspective

Je suis l'océan qui te regarde

L'infini qui te contemple

Le fini qui t'attend

L'absurde qui rit de toi

L'étourdi qui te fuit

Le silence qui t'écoute

La mort vivante qui te redoute

Je suis le doute

Éphémère pourtant réel

La rouille

La rouille, ce phénomène étrange qui gronde le cerveau et tue à petit feu, elle s'attache aux principes, et imperceptible, fais des ravages criminels et a pour but l'arrêt final de toute tentative individuelle, tout sursaut vers une pensée vivante ou indépendante; elle étouffe l'être avant qu'il soit.

La rouille méfiez-vous-en, car elle a un caractère commun; une certitude et un nom propre et c'est votre nom.

Elle vit et vous préfère comme voisinage.

Dans un monde furtif

Dans un monde furtif où rien ne bouge

Dans un monde de silence où tout le monde parle

Dans une heure de patience où les minutes boudent

Où le temps s'arrête pour rebondir

Où la vie meurt pour se transformer de plus vive

Où les « moi » se reconnaissent pour se figer et disparaître

Les uns, les autres se mutilent à force de ne pas se voir

L'éternité rit de l'éphémère, le temps de l'éternité et le monde se fout de tout le monde

Moi assis, je contemple

Dans un univers de mots inutiles où les lettres s'inspirent des paroles

Les regards d'images superflues, de visions de certitude

Le cœur qui bat pour annoncer la fin

L'éminence de l'incertain

La fange de l'inévitable

La nature indomptable

Le tout pour un rien

L'enfant seul ange parmi les humains;

Redoutable vision!

La folie cherchant le lucide semant d'infimes pourquoi

Le hasard criant fort l'effet sournois de la chance en ébat

Œil pour œil se meurt l'effroi

Dans un monde furtif, rien ne bouge apparemment

Contrepartie

Au regard le temps

À la vérité l'inconnu

Au sens de l'endroit l'abîme

Au soleil vainqueur l'étendue infini de l'espace

À tout mot écrit ou tout haut proclamé

Le regard pessimiste investi

L'abîme au soleil

Éternité d'une abeille

Sourds cris d'éventuels

De vous

Je suis un affranchi de vos mensonges et si elles m'en empiètent le pas elles ne me font plus peur

Si votre règne m'est toujours impitoyablement répugnant, la vue de votre futilité évidente me fait par contre voir votre débile impuissance

Si vos chaînes me sont un fardeau de plus, votre insalubre personnalité, que vous, plus que quiconque, devez endurer patiemment, me fait frémir à l'idée que vous au moins vous n'en serez jamais libre

Par contre, même au fond de l'abîme, la lumière de la bienveillance me réchauffera toujours le cœur

Le fait de savoir que je ne suis pas vous me soulage et mon éternité me semble perméable!

Sur la mort

« La mort est une drôle d'idée, il faut vivre pour mourir or l'homme ne mourra jamais, car il n'a jamais vécu, puisqu'il ne fait que mourir, il n'est point un être il est une dissolution constante et continue; la mort est un mythe comme la vie l'est; une prétention à l'existence à l'ère du devenir, pire au temps de l'anéantissement. La mort comme la vie ça n'existe pas, car la mort est en train de mourir par la naissance. »

« Silence! On meurt! », dit la perfide bienveillance.

Notre horizon

Le ciel qui se couche pour toujours

Pourtant il revient demain

La chaleur qui quitte le cœur et le coupe en deux

Pourtant la forme est la même; invisibles sont les pièces en émeutes éparpillées

L'horizon qui disparaît en ligne d'effrois laissant derrière l'amertume des ténèbres dénudés

Le jour qui pleure des larmes faites de soleil

La lune souffrant l'éternité embaumée

L'être sans nul retour qu'en son soit

L'avenir fidèle à la promesse du lendemain

La mer dorlotant la terre en flottaison

Que connaît-on de notre horizon?

Sur l'homo sapiens

« Moi je vais te le dire, car ces gens qu'on nomme des scientifiques n'y connaissent rien du tout! Tu dis que l'homo sapiens a survécu au Néandertalien, alors moi qui n'ai jamais mis les pieds dans une école te le dis, c'est l'homo sapiens qui a disparu, car le Néandertalien s'est mis une cravate, un chapeau et s'est présenté aux élections en s'assurant au préalable qu'elles étaient bien truquées. »

Sur les élections

« Dans une dictature, toutes les élections sont truquées et tout le monde semble le savoir à l'exception du dictateur. » Observa un psychologue.

« Dieu soit loué, nous avons une démocratie. » Dit le chroniqueur.

« Oui en effet, car dans la démocratie ce sont les politiciens qui sont truqués. » Se disait un sans-abri.

« Vous voyez ! » Dit le capitaine de bord d'un vaisseau pirate dans une autre partie du monde, « Nous vivons dans une vraie démocratie, car nous avons et portons tous des armes. »

« Je serais certainement obligé de vous croire si ce n'était l'extinction des braves lions d'Afrique du Nord. » Dit le cuisinier.

L'indécision d'un peuple

L'indécision d'un peuple c'est sa mort certaine. C'est aussi dangereux que l'indécision du nageur au milieu d'un naufrage ou des courants marins mortels, pire encore c'est, le bêlement, l'insouciance du mouton devant l'approche des loups.

Sur l'adoration des idoles

Si le peuple s'acharne à se faire des idoles c'est pour s'amuser à les détruire après; le peuple c'est l'enfance éternelle.

Le talon d'Achille du brave

La raison pour la chute des braves est toujours leur incompétence.

Un jour

Un jour, moi aussi je partirai; plus rien ne restera de moi, pas même ma solitude, délivré enfin de mes habitudes, de tout ce qui est morbide, je partirais et l'hiver ne chantera plus mes désuétudes.

Cet être

Il est l'acteur de son destin, l'archange de son avenir

Il bouge comme je pense, disons-le très lent, pourtant la vitesse n'est point importante à son départ ni à sa destinée

Il couve des pensées comme j'y pense, d'ailleurs je ne sais d'où elles viennent

Cet être qui vit au plus fin fond de moi, il me connaît puisqu'on porte le même nom

Moi on me reproche toutes les failles et lui il en tire tous les avantages

On porte le même manteau pourtant mon œil sur lui est sévère et ma critique encore plus rude

On voit les mêmes horizons et on se sépare partagé; moi solide lui solennelle

On voit les même belles femmes, moi avec intérêt, lui il se moque de la pudeur et veut courir vers son propre parcours

Il est l'écho de tout ce que le monde a trouvé impertinent et a déchargé en moi depuis que j'étais enfant; des idées, des spectres, des présomptions, des mensonges, des doutes, des espérances, en fin des ondes de vie d'une humanité superflue et incertaine; des réverbérations

Il me regarde avec un esprit inaudible et il vibre son rythme jusqu'aux plus minuscules pores de ma peau

C'est une lutte permanente entre nous deux

Oh, cet être-là! Combien de personnes ont senti son cousin, sa cousine, un de ses parents? Ils vivent on ne sait plus ni comment ni par quel moyen

Ils sont nos pires ennemis, et pourtant notre bienveillance vers eux est infinie

Le réveil commence là où leurs pas se

perdent derrière nous et nous loin d'eux
fondant vers l'avenir certain

Sur le fait de donner et de recevoir

Les pauvres doivent apprendre à donner et les riches doivent apprendre à prendre avec humilité.

La mort?

Qu'est-ce que c'est que la mort?

Un fardeau aujourd'hui, mais une lumière bienveillante demain lorsqu'on se rappelle la mémoire des êtres qui ont fait notre vie souveraine; une mémoire réchauffant le cœur au milieu du froid impardonnable de l'éternité.

Si seulement

Un horizon délavé, qui en fera mieux?

Un monde inconscient et qui parlera?

Une solitude affamée et qui va en faire une armée?

Un chien mourant et pourtant c'est imprudent

Un regard déboussolé, une mer chavirée et qui va nous sauver?

Un abîme triomphant, une sauterelle présidente et qui sont nos dissidents?

Un amour hanté et qui a toujours peur, un sourire qui prie et puis se fait des détours, mais enfin où sont nos sourds!

Une laideur épaisse comme un discours, des maux de tête qu'une vie épuisera

Des larmes s'ensevelissent pour ne plus faire mal à notre sort

Un être dénué aux surcroîts de l'amour, une raison perdue

Quelle douleur qu'un tambour!

Et puis il y a le destin qui nous attend comme un mourant en désarroi

Car, amis, on ne vit jamais toujours!

Oh, si seulement on pouvait faire un tour sur la côte de l'amour

Pour en brûler et à tout jamais en souffrir!

Que c'est court un toujours!

Si seulement on avait l'amour

À en crever à tout jamais!

Quand on sera grand

« Que voudrais-tu devenir quand tu seras grand ? » Demanda un sage à un enfant.
« Je veux être grand ! » Répondit le petit.
« Et toi, jeune homme ? »
« Parbleu, je me marierais et ferais une fortune ! » Répondit le jeune sans hésitation
« Ah ! Moi, » dit un passant qui avait l'air bien aisé et peut être riche d'une pension, « je veux avoir plus d'argent que mon voisin ; le financier. »

En ce moment-là le fou du village, âgé d'une soixantaine d'années, passa se balançant d'un lieu vers l'autre, chantant une chanson farfelue, il regarda tout le monde et dit, « Quand je serais grand, moi c'est la mort qui m'attend ! »

Le sage, une tristesse au cœur inavoué, baissa les yeux et marcha vers l'abîme de ses aïeux.

Sur l'enseignement du passé

On enseigne le passé pour oublier le présent.

L'exploitation de l'enfance

Tu brilles à peine et déjà ils te volent ta vie petit soleil éphémère

Tu bosses enfants à peine vivant sortie de l'éther

Ton sourire frôle à peine l'aigreur insensible du cœur étouffé de l'adulte; déjà vieux, mais moins sagace et plus enfantin

Tu portes ton poids, la lourdeur du naufrage adulte et des impitoyables maîtres de ce monde pour qui vivre équivaut à l'airain; aveugles dès qu'ils deviennent mutins!

Ton destin raconte tout ce qui est caché; tout

ce qui doit être dit

Tu danses avec les anges fillette; ton innocence insouciante perturbe et défie les colporteurs du froid

Tu dégèles par sourire et sème par l'erreur de tes petits pas les couleurs improbables de l'éveil

Tu fonces comme un soleil et tu réchauffes le cœur par le hasard de tes potions immatérielles

Tu appelles à l'ordre l'avenir imperturbable

Sur la servitude des pauvres et des souverains

Les pauvres, ceux qui bossent leur vie, le système les a tellement absorbés qu'ils ne le voient plus.
Nos tyrans, héritiers du même système, il les a tellement aiguisés qu'il leur a enlevé leurs humanités.

Au fin fond de l'émoi

L'ombre fait des ravages et entre-temps on embaume le soleil

L'esclavage règne si suprême que l'on s'en aperçoive plus

Le cœur bat pourtant là vie n'est plus

Des imbéciles instruits sont les messagers que les sages d'en haut nous envoient pour nous guider

La terre tourne, mais le temps est stagnant

Je vois le chacal qui chasse et brûle les enfants avec impunité; la braise et le feu transmis sur des ondes d'idolâtrie pour un monde hébété

Je bouge et je ne me meus pas

La lune me regarde et l'éternité me rit au nez; éphémère que je suis

L'être est néant et est néanmoins

La ruée vers l'abîme; la croissance vers le déclin

Le but de faire est de se défaire

Éternellement épave, toujours en désarroi

Mécontentement au fin fond de l'émoi

Notre sort moderne

On fonce vers le soleil la rouille dans le cœur

La peur au fond de nos ténèbres

Des êtres sans destin

Des douleurs sans fin

Des cris sans rappel

Des échos de silence

Fondue dans l'industrie de l'insolence

Perdu sous l'égide de l'impatience

Le royaume des vaines alliances

Un ordre qui vit, consomme de la désinformation et renchérit la destruction massive

Des lions peureux des petites gens et de leurs propres missives

Sur les détournements de fonds public

Les voleurs illustres; pas assez patients pour braver leur fortune intelligemment, et point intelligent pour la gagner honnêtement.

Je voudrais

Je voudrais qu'on s'aime, qu'on se brûle, qu'on se déchire

Je voudrais qu'on se déchaîne, qu'on mugisse, qu'on danse

Qu'on se dévore, qu'on devient plusieurs, qu'on redevient infini

Que l'on sache ce que l'on veut, ce que l'on croit

Je voudrais que l'on meure pour ne plus mourir, et après avoir mourut qu'on se retrouve pour ne plus se perdre

Je voudrais ne plus vouloir et ne plus pouvoir, je voudrais que toi voir, et de toi m'en vouloir

Je voudrais l'infini, le profond, je voudrais être un pont pour ne plus passer

Un passé pour ne plus me casser, un désir pour toujours brûler

Je voudrais qu'on s'aime, que l'on devient!

L'ombre

L'ombre coule en ces jours de poids et pèse le soir autour de nos rêveries matinales

La chaleur étouffe, c'est l'aurore de ces jours néfastes de vérité, ou tout commence pour s'éteindre

L'odeur ne nous est pas familière bien que ce soit de nous qu'elle se réclame

Je vois le retour de ma naissance en ce jour d'octobre qui est mon décembre

Le pari des morts est que la mort et la vie sont un éternel sort

L'espoir des prisonniers est que la liberté est une farce, puisque personne ne la tient dans ses mains

L'amour pour les aveugles est une récompense pour racheter les visions de leur cœur

Le désespoir pour les arrivistes est un manque de talents

L'histoire pour les ignorants est comme pour les politiciens un amour

Il y a des gens qui meurent et il y a d'autres qui se croit mourir

Il y a des fenêtres qui s'ouvrent, il y a d'autres qui se croient entrouvertes

Pourvu que l'on voie pourvu que l'on sache

Il y a des chiens à l'aboi et y a des bois qui ont soif

« À boire, à boire! » Dit la providence, « le temps passe, l'homme ne boit qu'autour d'une lance! »

« À voir, à voir. » Dit l'ombre « Ce que l'on ne veut point ne peut être tendre »

« Attendre, que dis-tu là? » Répond l'apparence

« À boire, à boire. » Répète le moribond.

Hier et aujourd'hui

Hier, j'étais fier

Aujourd'hui, je vois le désert

Hier, je croyais au lendemain

Aujourd'hui, je perçois mes frêles matins

Avant, je parlais tout haut; ne sachant point me soustraire

Avant, le soleil brillait comme un astre d'espoir

À l'instant, une boule de feu sans revers

Enfant, un arbre c'était l'ombre d'une aventure

Tout de suite un signe d'un monde en péril
Un regard peut se perdre en délire, mais un cœur sait le chemin de son avril

La certitude n'exige qu'un bon moment de sommeil

Sur l'irrespect

Ce n'est pas en insultant les gens qu'on les instruit.

Définition souterraine du journalisme corporatiste

Un prêche pour l'hiver

Une foi de mule

Un éternel émoi

Un interminable décroît

Sur le manque d'imagination

Il y a des moments où l'on ne voit point, y a d'autres ou l'on ne voit pas assez.

Le manque d'imagination est plus cruel que le manque d'esprit, car c'est l'aveuglement total.

Le but caché de la vérité

Des expirés exaltés c'est le but de toute vérité.

Sur le risque

Quelle folie! Tu es perdue et tu crois encore au danger!

Pauvre tête, tu es perdue et tu ne veux point du danger

Risquer c'est comme expiré, c'est espéré en respirant!

Sur l'heure de la haine

Les sociétés qui prônent la haine, c'est là où l'on ne sait et l'on ne peut plus vivre!

Le premier et le second

Le premier est plus dangereux que le second, car il est con et il est conscient de l'être.

L'homme et l'animal

« Sais-tu ce qui sépare l'homme de l'animale? »
« L'intelligence? »

« Non, la prétention, car il faut être humain pour prétendre ne pas l'être! »

L'expiration d'une culture

Signe de la l'expiration d'une culture?

Eh bien, c'est quand elle commence à être politisée et à prôner la haine!

Pourquoi remercier ses ennemis?

Il faut remercier nos ennemis, car ils aident à identifier ce que nous ne sommes pas; ils ne sont pas un reflet, mais l'envers de notre identité.

Sur la perception de la corruption

La corruption généralisée est une force motrice quand elle est perçue dans une société, car elle enfante le doute et par là libérée l'esprit hors des chaînes de la certitude; l'homme commence à penser et à poser des questions.

Sur la vie

Vivre signifier lutter, mais aussi vivre!

Sur la reconnaissance

La reconnaissance est l'art le plus sublime du respect.

Sur le suicide

La tentative du suicide est la dernière forme de réémergence du vouloir-vivre!

Le secret d'État

Les secrets des gouvernements, depuis l'antiquité, sont toujours les mêmes : le vol, le blanchiment de l'argent. Le meurtre n'est qu'une conséquence secondaire.

Là où il y a un gouvernement, il faut se demander, pour ne pas errer, qui vole celui qui vole et qui fait le blanchissage.

Sur l'honnêteté

L'honnêteté est l'échafaud de soi-même et de l'être intime, mais aussi une bénédiction et une amnistie pour le passant dépourvu.

Sur les passions

Les passions, ce mécanisme mystérieux qui pousse à vivre!

Des mouvements et des changements

Les chiens qui jappent pour ne point aboyer

L'amour qui se transforme pour ne plus se perdre

Le vent qui souffre partit au beau temps

La mer qui ronfle pour bien s'endormir

La terre qui voltige pour ne point basculer

Être reconnaissant

Tous comme les ingrats, les gens médiocres ne savent pas être reconnaissants.

Sur les révolutions

Vous dites que vous avez des principes différents, mais vous voulez tous vivre de la même manière. Pire vous prôner la mort et prêchez la même tanière!

Sur les arguments et les goûts

Quand on est sage, on a recours à des arguments, par contre quand en manque d'imagination on a recours à son goût.

Sur les esprits suspicieux

Celui qui voit le monde laid le limite.

Celui qui voit le monde illimité essaye de l'embellir et ne peut voir du mal en lui.

Celui qui manque d'imagination se méfiera

toujours de la vie et prison elle sera pour lui.

Première condition de l'amour

« Comment peut-on aimer les autres si l'on ne s'aime pas soi-même! », disait le soleil.

Mauvaises habitudes de certains riches et de certains pauvres

Certains riches comme les tyrans divisent pour conquérir et certains pauvres généralisent pour se faire mieux duper.

Sur les stéréotypes

« Ils sont tous pareils! » Est le plus cruel échafaud que l'humanité a créé.

Penser comme un remède

C'est seulement quand l'humanité commencera à penser la douleur que l'être humain apprendra quelque chose.

Sur l'absurdité du monde

L'intelligence trouve le monde absurde et pourtant elle ne cesse de s'en étonner!

Sur la mémoire

La mémoire est la plus mensongère des outils humains, elle a une courte vie et prétend régner sans somnolence.

La mémoire ne ment pas, mais elle ne dit pas toujours la vérité.

Sur le fait d'être pragmatique

« Mais, cher ami, si seulement on savait lire et écrire! » Dit le philosophe.

« Pour peu qu'on sache écouter et le but sera atteint! » Dit le sage.

Les promesses des scélérats

Les scélérats nous disent toujours que l'avenir est dans les lumières pour mieux nous aveugler.

Je te donnerai

Du pire je te donnerai le meilleur, du bon je t'offrirai une promesse

Du mauvais je te donnerai des flammes, une pierre de caresse,

De l'enfer je ferai un paradis de vers

Des temples arides des humains et de leurs pères, je ferai vivre le temps et les cimetières

Des ténèbres et de ce qui est plus sombre, je ferai l'homme plus éternel que son hombre

D'une justice plus honteuse que toutes les chimères, je chercherai le juste temps de nos pairs

Des images pourpres de tout ce qui est vain, je m'enchaînerai le cœur et je t'offrirai mes mains

De tout ce qui est tranchant, j'apporterai le regard d'un vieux, d'un mourant, le reste d'un lépreux

Je bâtirai un creux même dans ce qui est plus faux, plus beau, plus chiant qu'un mystère

De l'honnêteté je donnerai la corpulence d'une bête,

Du vice, des plus ténébreux de nos maîtres, j'offrirai la rose qui fleurit entre deux êtres

Des perles du désert, j'offrirai le sable, les plus profondes mers

De la mort, je ferai un hiver,

De la famine, je t'offrirais un jour de carême

De la pierre, je te ferais une statue plus solide qu'un cœur d'une mère

Je ferai battre le plus âpre des regards, je ferai jaillir le plus tendre phare

Du pire, de ce qui est plus pauvre, d'un fakir, un sourire au fond du mercure et je t'aimerai…

Sur la tentation

« La tentation est un très grand chiffre! » Disait l'avare.

Sur l'isolement

L'isolement donne du temps, mais pas d'immunité.

Sur notre ère

Nous vivons à l'ère du sur-mesure et où les couturiers sont à l'extinction.

Sur l'avidité et le savoir

Il n'est pas sain de thésauriser l'argent et il est de même malsain de thésauriser le savoir; le plus on thésaurise, le moins on pense, et le moins on sait.

L'état du monde

Certaines nations ne sont que le reflet d'un état intime des criminels avec leurs victimes.

Règle principale du leadership

Le leader ne croit pas; il sait.

Politique et vérité

Il est très difficile de trouver la vérité dans la politique et les affaires puisque le peuple est considéré comme ennemi public numéro un et est la cible de tous les complots.

Sur les esprits superficiels

Quand le superficiel n'a plus le temps de se cacher, il reste comme il était toujours; creux.

Sur l'amour-propre

De temps à autre, la distinction entre le bon et le mauvais et si flou que tu n'as pas besoin de ton amour-propre pour la rendre encore plus épaisse.

Le poids de l'imagination

Quand la logique n'est pas assez, il faut utiliser l'imagination.

Sur l'indignation du tyran

Elle envoie ses enfants à l'échafaud et quand ils reviennent ensanglantés Rome demande pourquoi!

Premières leçons de l'amour

L'amour meurt s'il n'a plus de terrain à conquérir et s'étouffe s'il a beaucoup d'espaces.

Sur les esprits brillants

Ils sont comme le soleil condamné dans l'abîme.

Sur la maîtrise de soi

Ne laisse pas tes chaînes être ton unique et seule forme de retenue ou de contrôle.

Homoconsomus

L'homme moderne a tué l'ancien mythe des dieux et la remplacée par celui de la consommation incontestable et illimitée.

Sur la haine

La haine, comme l'amour, et une force de propulsion; elle est aussi, pour le moins sage, une matière définissante.

Sur l'argent

L'argent est une arme efficace contre la racaille et est sans conséquence pour l'âme noble.

Sur l'importance de l'auto-évaluation

Il faut que tu t'analyses toi-même avant que les autres le fassent, car quand ils vont le faire ils te trouveront défaillant et ils auraient raison.

Pourquoi l'esclavage persiste-t-il?

Il est plus facile pour les gens d'accepter l'esclavage s'ils se rendent compte qu'ils l'ont véritablement payé.

Sur la parité

Même parmi notre élite non élue, on peut clairement observer qu'il y a ceux qui sont plus élus que les autres.

Sur l'histoire de l'humanité

L'histoire et une forme de divertissement pour le sage et une confirmation pour les condamnées.

Sur la survie

Si tu veux toujours continuer à jouer, il ne faut jamais devenir un pion.

Sur la vérité et le moment opportun

Dans un monde affamé de validité, la vérité, quand c'est dit au moment opportun, peut être l'une des plus pures et efficaces formes de la charité.

La guerre et les finances personnelles

La guerre est toujours la plus grande et forte hausse d'impôt; si ce fait était bien compris, beaucoup cesseraient de faire la guerre.

Sur les livres d'histoire

Les livres d'histoire entre les mains de l'état ne sont que des manuels de haine.

Sur le gouvernement

Un éléphant en éternel déni.

La guerre et la longévité

La guerre est une forme de distraction mortelle.

Sur les associations inconfortables

Il ne faut jamais emprunter au diable sa fourche à foin, car c'est sûr qu'il l'utilisera contre vous.

Propagande moderne

La négation par affirmations est l'un des arts de l'intérêt personnel de la propagande.

Sur les illusions pompeuses de noblesse

Le cheval peut avoir la noblesse de porter le roi sur son dos et de cette hauteur mépriser les autres animaux, mais en ce qui concerne la couronne il fait toujours partie du bétail.

Sur le fait d'être amoureux

« L'amour est l'enfant illicite d'un imbécile! » Disait une personne austère.
« C'est la meilleure chose qui me soit arrivée. » Dis-je.

Le message incessant de nos dirigeants

« Veuillez nous laisser revivre nos mensonges en ce que nous vous demandant de croire! » Est ce que nos leaders semblent vouloir nous dire.

Sur le fait de faire sa part

Je ne sais de quelles vérités vous dites que je parle; tout ce que je sais c'est que j'utilise ma torche pour voir où je me dirige et c'est à vous de vous illuminer vous-mêmes.

Sur le gouvernement de l'ombre

L'agriculteur d'entreprise et ses bergers ne se battent pas en face du bétail, non qu'ils s'inquiètent de ce qu'il pense, mais il se trouve qu'ils ne fréquentent pas le même établissement; leurs disputes se font toujours dans un bureau du palais, loin des regards blêmes du troupeau.

Sur l'histoire

Tu vois un édifice d'en haut et distrait par la vue grandiose tu ne le sens s'incliner. Moi au contraire je le vois de bas en haut, je suis un étranger, je vois la faible fondation, et peux te dire avec certitude qu'il n'est pas solide.

Sur l'ouverture d'esprit

Garde les yeux ouverts et écoute tout le monde; tu ne sais jamais de quel côté ou de quelle bouche la vérité va venir écraser ton univers.

Sur la connerie

Comme tout produit à consommation massive, la connerie est faite pour satisfaire le besoin de son fabricant, car il faut croire en ses propres illusions pour faire en sorte que les gens en veulent une part.

L'altruisme et les nations

L'altruisme est une idée noble et il faut l'encourager en l'individu, mais elle est un signe d'extinction prématurée pour une nation.

Sur le fonctionnement de la démocratie

La démocratie fonctionne pour tout le monde, mais il se trouve qu'elle fonctionne pour quelques-uns plus que les autres.

Sur la décence et l'amitié

En l'existence de gens décents qui a besoin d'amis?

Sur le fait de regarder en arrière

Nier le passé est comme craché sur les vagues qui nous ont amenées jusqu'ici.

Sur les enfants

Les enfants sont une source d'ingratitude continue aux yeux des parents et il faut avoir la même sagesse de dame nature envers l'humanité pour continuer à les aimer et les englober.

Sur la virilité

La virilité n'est point mesurée par le nombre de femmes conquises, mais le nombre de relations sérieuses réussies.

Il est de même que la qualité d'un livre n'est pas mesurée par le nombre de pages qu'il contient.

Ni la qualité des écrivains par le nombre de livres vendus, mais par les chefs-d'œuvre qu'ils ont créés.

Sur les guerres saintes et le meurtre

Dieu fait la vie, mais l'humanité semble déclarer qu'elle est plus savante en l'enlevant.

Sur les livres

J'aime parler aux morts et c'est pour cela que je lis les livres.

Sur la politique

C'est comme un tas de fumier; ça sent mauvais partout où tu le transportes. Fais ce que tu peux, car tu ne peux rendre tout le monde heureux.

Sur la communication

Une image peut valoir mille mots, mais elle ne peut prononcer un seul pour dire ce qu'elle est.

Sur les chaînes morales

Je n'ai pas d'honneur, mais je ne laisserais pas la honte peindre mon nom, car je suis au-delà de la mesquine mesure.

Être immuable

Je parle en langue ancienne qui me transporte à travers le temps en des va-et-vient; je n'ai pas besoin d'imagination ou d'artéfacts, car en moi le passé je détiens.

Sur la nécessité de l'inspiration

Lorsque je me sens déprimée et que je vois autour de moi des choses répréhensibles; je lève ma tête, regarde vers le haut, je vois un comportement impeccable et des sauts exemplaires; c'est là que je vois le leadership.

Comme je suis

Je ne suis pas sage, car la sagesse est le royaume des équilibrés et des instables. Je porte une malédiction, mais je plane dans la connaissance de la certitude.

Sur les idées

Tu portes tes idées comme un clochard porte une bouteille de liqueur dans l'une de ses poches et tu en es aussi accro que lui; ne t'es-tu jamais demandé si tu les possèdes vraiment?

Autorité et justice

« Vous êtes hors-jeu! » Crie tout haut l'autorité.
« Peut-être le suis-je, mais vous êtes le désordre réincarné! » Réponds la justice.

Sur le fait de grandir

Je vois que tu as passé beaucoup de temps à élever ta maison; combien de temps as-tu dépensé à hausser ton âme?

Conscience sociale

« Il existe parmi nous des gens qui n'ont aucune conscience sociale! » Disait un criminel.

Il n'importe point

Il n'importe point comment on s'est rencontrés

Car ce qui dure n'est point défini

Il n'importe point où, comment, et à qui nous sommes nés

Mais comment vers l'avant nous retournons

Il n'importe point combien de temps il nous reste avant de disparaître, car pour nous-mêmes nous sommes éternels

Il n'importe point ce que nous possédons vu que rien ne persiste

Sur les découvertes

On ne découvre rien; on constate seulement ce qu'on ignorait jusque à présent.

Sur la démocratie

La démocratie est comme l'argent; elle est fausse et irréel, le plus de personnes y croient le plus tangible elle est, jusqu'à ce qu'elle devienne la principale monnaie du royaume; une fausse forme bienveillante de commerce est ce qu'elle est.

Sur la création

À l'humanité, je porte une sympathie, mais au Créateur j'appartiens; un éternel et précaire admirateur.

Sur le fait d'être hors de portée

Je suis un fantôme, car je n'ai jamais été hanté ou dupe de la pesanteur.

Un conseil

Regarde la lumière, trouve le soleil

Chasse les ténèbres, garde les éveils et sèmes des ailes

Découvre tes souvenirs

Revis tes jours de deuil lors des moments d'orgueil

Épargne-toi les fausses nouvelles

Grouille pour ce qui te rend plus sage

Évite les couleurs intelligibles de la rage

L'histoire est à éviter les parages!

Point n'est de mise en dérapage

Aime ceux qui t'aiment

Évite à tout prix le cœur infâme; la haine

laisse là pour ceux qui lui donnent une âme

Marche en avant, mais rappelle-toi : l'hiver, précède l'été comme l'horizon le soleil et toi redeviens lumière

AIR DU LENDEMAIN

SUR L'AUTEUR

Lamine Pearlheart est un lecteur avide et, dans la mesure où il se souvient, il a toujours eu une grande appréciation pour la littérature, l'histoire, la philosophie, la poésie et jouit de longues promenades comme forme de méditation.

L'un de ses principaux intérêts est la compréhension de l'expérience humaine dans ses aspects multidimensionnels, comme cela apparaît dans ses livres.

Il a aussi une passion pour les langues; il parle l'anglais, le français, l'allemand, l'espagnol et le portugais.

L'auteur travaille actuellement sur son premier roman.

AIR DU LENDEMAIN

www.ingramcontent.com/pod-product-compliance
Lightning Source LLC
Chambersburg PA
CBHW071517040426
42444CB00008B/1684